사 슬

해국 **김성희** 시집

정문사

🔗 시인의 말

봄, 여름, 가을, 겨울
마법 같은 자연의 사계 속에
삶의 순간들이 계절처럼
변화하고 분주하게 숨을 쉰다.

세상은 인간에게
슬픔과 고통 기쁨과 희망을
번갈아 가면서 선물처럼 내민다.

그 끝없는 슬픔과 고통
번민과 고독의 시간을 이겨내고
자유롭게 웃고 떠들 수 있는 것은
인생의 희로애락을 시라는 가면을 씌워
진솔한 마음의 표현을 할 수 있었기 때문이다.

끝없이 불안정한 세상에
여자라는 연약한 인간으로 태어나
자신있게 말하고 싶었던 마음속 언어를
글로 남길 수 있다는 것은 행복한 일이다.

차례

008　사슬
010　바람 숲
012　맨발의 무용수
014　계절의 길목
015　망종의 오후
016　만남의 기쁨
018　그대 삶인 것을
020　발견
022　길든다는 것
024　돌아보아야 할 때
026　새날의 태양
028　생명이 있음을
030　고향이었다
032　기억을 요리한다
034　어머니는 나의 우주였음을
036　계절은 망설임 없이
037　이레 동안

038	햇살에 대한 이해
040	물 구경
042	덩굴손
043	바람
044	연인
045	발길 멈추며
046	빛나는 희생
047	사랑한다는 것은
048	절망의 벽
049	生의 뒤안길에서
050	순수 시절
052	숨은 그림자
054	스쳐 가는 것
056	해후
057	선운사
058	눈먼 강물
060	만물의 영장
062	물음표
064	용서의 거울
066	안개
067	꿈꾸는 소녀
068	시시한 날

069	신선 폭포
070	신호
072	안목항에 가면
074	암막 커튼
075	첫인사
076	거짓말
078	겨울꽃
079	기도의 역사
080	눈물
082	냐짱의 하루
084	능소화
085	달밤 연가
086	따돌림
088	먼 그리움 속의 고향
090	내 마음에 찾아온 사랑
091	멈추며 깨우는 기억
092	바다 보러 가자
093	어울리는 생
094	연인이 되어
096	영혼 외출
098	오후의 강변
100	위로

102	이별 노래
104	저토록 황홀하다
106	전염된다는 것
108	지나간 날
110	영원할 수 없음에
111	진달래
112	책, 책, 책
114	초여름 달밤
116	충주호
118	전쟁 중
120	탄금대 연가
122	피맛골에서
124	첫눈 오는 날
125	향기 없어도
126	향수
128	흐르는 것들
130	어머니의 저울
132	어머니의 세상

사슬

소리 없이 달리는 고속도로
망각의 시간 속으로 흘러간다.

어둠이 가볍게 스쳐 가고
가로등 깜빡이다 잠이 들고

깊은 침묵의 밤으로 굴러가는
느릿한 자동차 바퀴

나 이제
나에게로 돌아가고 있다.

정확하게 정돈된 기억의
사슬을 버리고
수치의 화살을 가득 품은 채

세상의 그림자마저 숨을 죽인
일렁이는 눈물 다리를 건너

느긋한 고요의 집으로
빗물처럼 스며들고 있다.

바람 숲

그 숲에 오월의
초록 바람이 물결치고 있다.

소리 내지 못했던 여인들은
가슴 밑바닥에 웅크린 한숨
요란한 새소리로 토해낸다.

가도 가도
낙엽 쌓인 가파른 숲길 헤치며
뜨겁게 피어오르는 호흡

우뚝 선 절벽같이 높아진 근심
채우고 비우기를 반복하며
흔들리는 발자국 남기고 있다.

다정한 산모퉁이
예의 바른 낮은 언덕
앞다투어 고개 내민 이름 모를 꽃송이
코를 대고 킁킁거리다 향기가 좋아
한 송이 꺾어 흩어진 머릿결에 꽂는다

취한 듯 휘청이는 초록의 바람 숲
순백의 소녀가 되어
지친 마음 깔깔깔 털어내고 있다.

맨발의 무용수

내가 그의 하얀 발을 걱정하고 있을 때
푸른 동맥 움틀 거리는 그의 손은
자지러지게 웃으며 장난을 치고

소란 속 비늘 같은 눈을 감고
솜털같이 지친 몸 눕고 싶지만
심장 쿵쿵 울리는 낮은 목소리
유희의 언어 내던지며 지친 육신
낚싯바늘을 걸어 흔들고 있다.

세상에 좋은 사람 단 한 명도 없다고
일그러지는 조소가 흔들리고 있을 때
비명을 지르며 뛰쳐나가고 싶었지만
무거운 엉덩이로 교만을 짓누른다.

보이지 않는 존재
손에 잡히지 않는 그것이 무엇이기에
미친 듯이 몸을 떨며 뚫어지게 쳐다보며
분열의 두려움으로 심장의 반응을 기다리는지
호흡이 멈춰 버릴 것 같은 긴장감······.

그렇다.
지독한 세상 속 우리는 너무 지쳐 있다.
두 눈을 뒤집고 온몸을 미친 듯 뒤틀며
한순간 대자로 뻗어 기절하고 싶다.

병든 호흡 나도 모르게 내던지고
새로운 호흡으로 깨어나고 싶다.

한동안 싱싱한 몸 놀라운 변신으로
요란한 환희의 박수 소리 받으며
꽃잎 같은 웃음 흩날리고 싶은 것이다.

계절의 길목

다가온 바람이 차고 예민하다.
아스팔트 뜨거운 온도를 달래며
살랑살랑 스쳐 가는 몸짓이 낯설다.

퇴색하는 세월의 손을 잡고
침묵의 여행을 떠날 것이라고
폭풍 전야의 찌푸린 표정으로
허공을 가르는 헝클어진 숨결

냉정하게 돌아설 줄 아는 것들은
극한의 순간 가열하게 요란하다.

잔인한 악어의 한 방울 눈물에
허탈한 비명의 웃음 털어버리는
먹잇감처럼 순응할 줄도 알아야 한다.

가벼운 것들이 무겁게 침묵하는 것은
화려한 계절과 손잡고 싶어
눈속임 속 감정의 온도가 차가운 것이다.

망종의 오후

어디선가 급하게 달려온 바람
호수에 잔잔한 주름을 새겨넣는다.

잠시 넋을 잃은 호숫가
상수리나무 머리칼을 세차게 흔들다가
또다시 빠르게 자맥질한다.

바람의 날카로운 비명에
마른 나뭇잎이 헝클어져 날리고

언젠가 산모퉁이 우연히 마주쳤던
회색의 독사 한 마리
마른 흙길로 마중 나와 있으려나
땀에 젖은 목덜미 소름이 돋는다

끊임없이 살아 움직이는 자연 속
혼자 걷는 망종의 오후

쓸쓸한 바람이 제비 날개처럼
숨바꼭질하고 있다.

만남의 기쁨

소리 없이 내리던 빗물이
파열음을 내며 우르르 쏟아진다.

우리 만남이 늘 그러했으니
먼 눈빛으로 속삭이다가
어느 날
꽃봉오리 열리듯 고운 입술 달싹이며
와르르 쏟아내는 삶의 잔해들

문득
은근한 지혜를 뒤돌아보고
간절한 기도를 생각해 보는
세월 속 지친 삶을 어루만지고
위로하는 다정한 끄덕임 속에
인생은 계절처럼 물들어가고

고운 인연도
저 스스로 피어나는 것
맑고 밝은 마음도
저 스스로 꽃 피우는 것

자신을 뒤돌아보며 순응하여
돌아서는 계절처럼
푸르게 피어나 뜨겁게 떨어지는
초라한 낙엽이 되어도 좋으리.

그대 삶인 것을

그 어느 날
힘없는 어둠 숨어있는 골목길
지치고 고독했던 사람은
하루의 허무한 그림자로 남아
아우성 그친 밤하늘 바라보며
뜻 모를 탄식을 내 던지고 있다.

잠 못 이루는 천진한 새 한 마리
종일 울부짖던 목소리로 위로하며
사는 것이 다 그런 것이라고

두 눈 반짝이며 돌고 돌다가
별 의미 없이 기웃기웃하다가
어둠 속에 박혀있는 제 그림자 보며
실없이 웃는 것이라고

그 어느 날
바람도 친절하여 온 마음 간질이고
수다스러운 새들 합창 싱그럽고
광활한 하늘 푸른 별빛 흐르는데

살아 숨 쉬는 것이 축복이었다고
해맑게 웃으며 가볍게 달려가다가
크게 기지개 켜며 춤추는 그림자

지상에서 가장 소중한 것이
오로지 나 자신뿐이었다고
진정 그대가 원하는 삶이었다고

발견

이른 아침 문득 마주친
적막한 풍경이 낯설다.

산등성이 창백한 나무와
흐르는 구름 사이 젖은 하늘

매섭던 꽃샘바람 어디에 숨어
진군할 때를 기다리고 있는지
비밀을 감춘 골목길 침묵하고 있다.

우리 살아가는 것이 늘 요란하거나
폭풍처럼 거칠게 휘도는 것이 아니다.

일상의 시간에 치여 연약해진 삶
아름다운 노랫말이 은근하게 위로하며
행복한 마음으로 견뎌내기 위해
조금의 인내와 배려가 필요하다.

상처받은 마음 씻는 샘물 같은 눈물
올곧은 반성 거짓 없는 용서
고요한 자연과 생각이 멈추었을 때

내 안에 웅크려있던 착한 것들이
햇살처럼 반짝이며 눈을 뜨는 것이다.

길든다는 것

베란다 청소도 해야지
장도 봐야지
수업 준비도 해야지
아차 그분도 뵙고 와야지
아차 원고도 오늘 마감이네!

소파 깊숙이 파고 앉아
생각의 바다에 빠져 허우적거리며
파도처럼 잘게 부서지는 시간을 본다.

평생을 생각 없이 뛰어다니며
해결한 일이 얼마나 많았던가!

생각을 자유롭게 놓아주면
몸은 스스로 일어나
제 할 일을 찾아 움직이지만

셀 수 없는 노동의 조각은
지쳐 웅크린 나를 또다시 생각의
소용돌이 속으로 밀어 넣는다.

더 많은 욕심을 만족하려는
생각이라는 함정 속에 빠져서
자신을 스스로 길들인 것이다.

돌아보아야 할 때

기울어가는 태양 쪽
먹빛 그림자 느리게 걸어가고
시간의 문턱 서성이는 그늘 속으로
붉은 노을이 처연하게 물들어간다.

코끝 스치는 바람의 냄새 낯설고
뜨거운 가슴 다독이는 물든 계절이
지친 눈길과 발길을 붙잡는다.

푸른 청춘의 퇴색한 옷깃 부여잡고
이별의 인사도 없이 먼 길 떠나려는
메마른 것들이 부산하다.

남아있는 지루한 삶의 여정이
길을 잃고 자주 방황하는 것은
욕망의 신기루 조각이 눈앞에
밥풀처럼 둥둥 떠다니기 때문이다

시든 국화꽃에 물을 듬뿍 주고
한 잎 솎아내며 흐려진 눈길이
오래 멈추어 있는 것은 헝클어진 몸
쉼이 필요하다는 신호다.

폭풍처럼 휘돌던 낡아진 인생의 길목
잠시 나를 돌보라는 깊은 염려다.

새날의 태양

단 한 번도
가득 채우지 못했던 길
한 번 더 뒤돌아봅니다.

아득하게 떨어졌을 때
바닥에 닿지 않을 만큼의 공간
그 숨 막히는 전율의 순간

스스로가 아닌
자신도 모르게 새하얗게
모든 것을 내려놓습니다.

이젠 그러지 말아야지
되새김질했던 아쉬운 말
낡은 기억 던져버리고
정말 그러지 말아야지

뜻밖에 다가온
찬란한 새날의 태양
남은 후회를 침몰시키고
희망의 기적을 건져 올립니다.

생명이 있음을

하늘이 천년의 빗줄기를 내려도
남은 한 방울까지 쏟아버리지 못한다.

긴 한숨의 부스러기 같은 하얀 눈발도
한 톨 남김없이 흩날리지는 못한다.

향기 잃은 들꽃이 힘없이 무너져 내려도
말라비틀어진 흔적을 빈 들판에 남기고

이백 년 살아온 창백하게 뒤틀린 고목도
메마른 잎을 그토록 털어내고도
몇 개의 낡아진 상념의 잎을 매달고
칼바람 앞에 버티고 서 있지 않은가?

흔적도 없이 사라지는 것이 어디 있으랴

빠르게 스쳐 가버린 모든 순간도
무심하게 흘러가 버린 강물 같은 세월도
잡초처럼 숨을 쉬며 불쑥불쑥 고개 쳐드는데

어찌 버려둔 희망을 다시 찾을 수 없으랴

자연이 끝없이 자신을 비워 내고도
때가 되면 어김없이 뼈와 살과 피를
튼실하게 채우려고 끊임없이 움직이듯이
우리의 희망도 생명이 있음을 말하고 싶다.

고향이었다

출렁이는 물빛 사연 휘돌고 흐르다가
해묵은 이별의 기억이 정지된 곳

햇살 눈부신 한가로운 오후
뚝뚝 떨어지는 모란꽃잎 사이로
눈물이 밴 바람 한 가닥 서성인다.

오만가지 상념은 색색으로 물들어
마음속으로 아롱지며 흩어지고

절절한 한을 토해내는 남도의 판소리
애간장 속으로 스며들어
허연 생트림을 잡아 올린다.

곰삭은 멸치젓국 같은 남도 사람들
구수한 사투리 속 은근한 정이
그리움으로 모닥불 지핀다.

손에 손을 잡고 둘러싼 산야는 다정하고
물그림자 드리워 서로를 감싸 안은 섬은
전설의 언어를 간간이 흘려보낸다.

아~!
이곳은 단발머리 해맑은 미소의 소녀가
부끄러움 없이 한바탕 춤사위를 벌이던
아스라이 멀어진 추억 속의 고향이었다.

기억을 요리한다

문풍지의 싸늘한 떨림이 쓸쓸했던 밤
뒷마당 달빛 아래 맥없이 주저앉아
소리 없이 흔들리던 긴 그림자

가장의 그늘이 실종된 메마른 둥지
올망졸망한 네 남매 어머니 자리가
그토록 목멘 외로움이었나보다

맹랑한 열한 살의 계집애는
통증의 쓰린 가슴을 꼭 움켜쥐고
상상의 날개를 펴고 퍼덕이다가
절망의 호수에 풍덩 빠져 허우적거리다가
막막한 슬픔을 꿀꺽꿀꺽 삼킨다.

젖은 날개를 몰래 감춘 계집애는
칡뿌리같이 질긴 슬픈 기억을 휘감고
목석같은 세월과 줄다리기를 하며
강인한 여자로 어머니의 이름으로
인생을 맛깔나게 요리한다.

이따금 가슴 시린 그 가을밤
어린 가슴이 온통 삼켜버린 슬픔을
한 바가지 퍼내어 고소한 행복과 버무려
따스한 햇볕에 단단하게 말려두기도 한다.

어머니는 나의 우주였음을

이별을 준비하는 봄비
주르륵 쪼르륵 유리창을 무대 삼아
자유롭게 춤을 추고 있다.

흐려진 눈 속으로 들어온 달력
앞줄에 선명하게 자리 잡은 어버이날

한 해에 한 번 날짜 확인하고
기껏해야 식사 한 번 사드리고
부족한 용돈 봉투 내밀고
생각 없이 먼 길을 달려왔다.

내 나이 육십이 넘고 나니
어머니의 끝없는 희생의 세상은
쉽게 버릴 수 없는 운명처럼
내 몸에 연결된 질긴 동아줄
같은 것이었다.

이 세상의 빛을 보게 해주고
잘라버린 탯줄 자국이
내 몸 한가운데 선명하게 남아서
어머니와 주파수를 맞추고 있었다.

내 한숨이 어머니의 한숨이었고
내 눈물이 어머니의 눈물이었고
내 고통이 어머니의 고통이었고
내 평화가 어머니의 평화였음을

우주같이 광활한 어머니의 세상이
나와 함께 기대어 숨 쉬고 있었다.

계절은 망설임 없이

자유롭게 움직이던 것들이
지독한 바이러스로
일시에 멈춰 버렸을 때의 막막함

지쳐 풀이 죽은 세상의 언저리
물드는 잎사귀로 숨어든 계절

오색물감 냄새 바람 한 자락
지친 마음에 스며들어와
지루했던 희망 또다시 눈을 뜬다.

자연의 수채화에 눈동자 분주하고
무거워진 팔 크게 기지개를 켜고
발걸음 씩씩하게 내디뎌 본다.

계절은 어떤 역경 속에서도
반짝이는 기억을 남기기 위해
망설임 없이 달려오고 있었다.

이레 동안

맑은 창문 밖 풍경을 바라보는
힘없는 눈빛
사월의 햇살은 눈물 나게 맑다.

답답하다 소리치고 싶지만
의미 없는 욕심이다.

용기는 모험이고
모험은 두려움이기에

가슴 눅눅한 숫자 코로나19
칠 일의 감옥
잠시 왔다가는 계절이기를

힘없이 손 흔드는
서글픈 봄 인사이기를

햇살에 대한 이해

길든 햇살이 소리 없이
빈방에 스며들어
저희끼리 속살거리며
찬 바닥 한편을 맑게 비춘다.

남은 햇살 한 톨 받지 못하는
벽 쪽 바닥은 늘 발이 시리겠다.

처음부터
빛과 어둠이 선택한 것은 없었다.

정해진 시간 햇살이 있어야 할 곳과
햇살이 넘어올 수 없는 곳
빛이 가는 곳과 빛이 가지 않는 곳일 뿐

한나절 빛을 소진한 햇살이
힘없이 뒷걸음질 치기 시작하고
연약한 빛이 어둠의 힘에 버티지 못하고
처연하게 허공으로 흩어져 사라진다.

오랜 세월
길든 햇살이 머무는 자리
빛이 없어 발이 시린 벽
변할 수 없는 햇살에 대한 이해

물 구경

칠흑같이 흐린 하늘 표정
쉽게 풀리지도 않았는데
무뚝뚝한 남자가 물 구경 가잔다.

구경은 불구경이 최고지
구경은 물 구경이 최고지
지금 아니면 언제 구경하나!
서두르는 모습이 사뭇 진지하다.

지루한 장마처럼
마음조차 흠뻑 젖은 사람들
위협적인 자연의 경고에
두려움을 흘려보내고 있다.

온갖 쓰레기 끌어안고
흙탕물 넘실대는 강변에 서서
야~!
물살 대단하다~!
감탄을 자아내는 사람들 틈에
물 구경에 빠진 남자

엉뚱하게 터져버린 홍수처럼
우리 집 남자 인간다운 모습
신기하게 구경한다.

덩굴손

빗소리에 구부러진 허리 받쳐주고
바람 불면 힘없는 다리 붙잡아준다.

연초록 어린 가슴 크게 숨 쉴 수 있게
웅크렸던 몸 기지개 켤 줄도 안다.

이따금 기세등등 선두에 나서
허공을 더듬으며 손짓과 발짓으로
자유롭게 가야 할 길 찾는다.

비밀스러운 사연 물음표도 그리고
살아가는 일 혼란스러워
뒤엉킨 머리 이리저리 흔들기도 한다.

끝없이 뻗쳐오르는 모난 욕심
칭칭 동여맨 마음의 창을 향해
햇살이 투명한 목소리로 속삭인다.

싱그러운 초록의 바른길 가자고

바람

햇살 머금은 담벼락
기대어 쉬어가고 싶지만
가던 길 멈출 수가 없어

머리도 없고
다리도 없고
형체도 없는 것이

이따금
소용돌이를 일으켜

잠든 먼지를 깨우고
나뭇가지를 흔들어

지친 손 붙잡고
다시 달려가자고 하네.

연인

마음이 수없이 흔들렸다면
우리의 인연은 소중하다.

사랑이 끝없이 서러웠다면
우리의 만남은 아름답다.

순결한 시절을 기억하지 못하는
때가 묻은 깃발과 같이
세찬 바람에 팔랑거려도

거친 파도에 힘없이 무너져버린
모래성 같은 이야기도
커다란 기쁨의 순간이다.

그대여
두 손 맞잡고
저 검푸른 바다 한가운데
흔들리는 푸른 달빛을 따라
어둠 속으로 걸어가 보자

발길 멈추며

인적 없는 교현천
귀뚜라미 울음소리

구름은 달빛 가려
공기마저 적막하고

불빛 제 몸 비추어
반짝이는 물소리

스치는 초가을 바람
고요한 내 마음

발길 멈추는
지친 그대 그림자

빛나는 희생

우리의 가벼운 자유가
새처럼 바람을 타고
광활한 하늘을 휘돌고 있다면

바람을 만드는 자연 같은 사람은
순종의 맑은 공기가 되어
물처럼 흐르고 있다.

숨 쉴 수 있는 공기가
어디서 오는 것인지 느낄 수 있는
눈물의 가슴을 가진 그대

젖은 날개로 날아오를 수 있는
영혼이 가벼운 아름다운 사람

퇴색한 사랑 마음껏 호흡하고
흔들리는 믿음 돌처럼 의지하고
멀어지는 소망 간절히 기도하는

사랑한다는 것은

사랑을 알기 전에
계절이 마음껏 푸르른 날도
숨어 피는 들꽃처럼 쓸쓸했지

아, 그러나
봄처럼 찾아온 따듯한 사랑
눈발 몰아치는 겨울도 좋아

이별의 그림자가 기웃거려도
죽음의 그림자가 기웃거려도
지독한 사랑은 두려움 없어라.

기쁨과 행복을 주는 사랑
인내하며 기다리는 사랑

그 어느 날
바람에 떨어지는 꽃잎처럼
덧없이 사라진다 해도

사랑은 그리움으로도
영원한 생명의 빛이 된다네

절망의 벽

지고지순한 사랑도 지나치면
교만은 잡초처럼 자라는 것

모든 삶을 구속하려는
사랑이라는 이름의 가식은
권태와 절망의 소용돌이

변명 없는 이별은
알 수 없는 고통의 나락

이유 없는 집착은
발버둥 치는 기억의 수치

부정한 사랑은
넘을 수 없는 절망의 벽

生의 뒤안길에서

나의 후회는 조금 느리지만
나의 희망은 세월처럼 빠르다.

뒤엉킨 욕망을 찬물에 씻고
다시 가벼워진 나를 보며
안도의 미소를 짓는다.

나는 이단의 존재가 아니다.
운명의 부질함에 속지 않는다.

어디에서든 가볍게 뭉쳐서
행복하게 잘 흘러갈 것이다.

흙먼지 뒤집어쓴 잡초처럼
비바람 속에 자유롭게 흔들리며
질긴 생을 살아갈 것이다.

순수 시절

수줍던 열여덟 소녀의 낭만을 싣고
덜컹거리는 가슴으로 달리는
강촌 행 완행열차

흐려진 기억 속으로
싱싱한 웃음소리 들려온다.

늘어진 기타 줄처럼 힘 빠진 세월이
낮은 목소리로
오래된 친구의 이름을 노래한다.

젊은 호흡이 역사 가득 피어오르고
철로 변 고운 들꽃 향기
여미는 옷깃 사이로 스며든다.

소녀는 긴 밤을 태워 아침 이슬이 되고 싶었고
강물 위에 분홍빛 연가를 띄워 고향 바다로 보내며
눈이 부신 태양 아래 짙푸른 자유를 사랑했다.

색 바랜 사진첩 속에 붉게 빛나는 눈동자
세상도, 사랑도, 마냥 서툴기만 했던 시절

그리움에 점령당한 봄 햇살 같은 이야기가
넘실대는 강 물결 위로 톡톡 퉁겨져 오른다.

숨은 그림자

사막의 메마른 가슴으로
먼지처럼 은밀하게
낡아진 시간을 모으고
병든 세월을 밀어낸다.

숨겨둔 해맑은 소망
나약해진 굳은 다짐
갈망의 가벼운 자유는
구름처럼 다른 모양으로
모였다 흩어지며 흐른다.

절대로 깨지지 않는 굳어진 돌
무겁게 자리 잡은 미련한 명예
성자처럼 타협하는 사람들
나약한 마음을 조율하는 군중
모순의 조소가 꽃을 피운다.

장마처럼 지루한 욕심 쏟아지는
혼돈의 우주 속에서 만지작거린
물거품같이 짧았던 행복

짙은 어둠도 드러내지 못하는
그림자들의 소리 없는 아우성

스쳐 가는 것

그대
목석같은 나와 마주치면
밤 강물 같은 서늘한 눈빛으로

가볍게 스치고 지나가는
바람이었으면 좋겠어.

나는
밤하늘 같은 두 눈에
눈물을 반짝이며
유유히 걷다가
스쳐 가는 바람에
온몸에 전율이 일렁이겠지.

미움도 아닌 것이
불신의 탈을 쓰고
한바탕 춤을 추고 나면

칼날 같은 절망은
무의미한 시간을 베어내고
있겠지만

지친 그대
바람 같은 나와 마주치면

달빛 지우고
묵묵히 흘러가는 잿빛
구름이었으면 좋겠어.

해후

까마귀 울음소리 시선을 붙잡는다.

태아가 양수에서 고요히 유영하듯
먼 길 돌아온 계절은
흐린 하늘 가득 은밀하게 호흡하며
여린 파리 날갯짓하고 있다.

긴 한숨보다 느리게 흐르는 강물
지쳐 보이는 갈대는 저음으로 흔들리고
평행으로 달리던 자동차가
조용히 걸음을 멈추고 심호흡한다.

흩날리듯 떨어진 몇 방울의 빗물에
키 큰 나무 팔다리를 뻗어 기지개를 켜며
따스한 볕이 보고 싶다고
크게 함성을 지르는 것 같다

먹빛 허공에 긴 상념을 던지며
심장에 느린 호흡 은밀하게 밀어 넣고
밝아지는 마음이 봄을 만난 새싹처럼
파릇하게 일어선다.

선운사

메마른 계절을 적시는
빗줄기 따라 흐르다가
붉은 상사화 힘없는 숲을 지나

나무에
눈길에
마음에
세 번 꽃을 피운다는
선운사 동백나무 아래 섰네

어머니 꿈속 이야기 담은
고향 가까운 너른 하늘은
신비롭게 눈길을 잡아당기고

지장보살 매력적인 눈웃음
평생 해보지 못한 합장 세 번
진심 어린 소원 하나 빌었네

선운사 짙푸른 동백 숲이
노을 속으로 붉게 물들고 있네

눈먼 강물

태양은 한나절
세상을 비추려 뜨겁게 타올랐다.

주홍빛 재가 된 오후
그 잔재를 싣고 흐르는 강

제 몸 위로 소리 없이 다가온 어둠
깊은 마음 열어 말없이 흡수한다.

그 모습 그대로 꾸밈없이 비친
지치고 힘 빠진 세상
끌어안고 흘러가는 침묵의 강

먼지처럼 쏟아진 눈물
맑게 정화해 밤을 새워 위로하고
모든 고통을 가라앉힌다.

회색의 물안개로 고요히 깨어나는 새벽

차고 투명한 물결 위로
아무 일 없다는 듯 태양을 밀어내고
소란스러워지는 세상 다시 끌어안고
눈이 먼 듯 유유히 흘러서 간다.

만물의 영장

작은 산새도 사람의 호흡을
기억합니다.

이따금 찾아가는 낮은 산
호젓한 산책로를 걷다 보면

청아한 노랫소리 반기고
나무와 나무 사이 날갯짓 유영하며
명랑하게 따라옵니다.

작은 들꽃도 사람의 향기를
기억합니다.

봄소식 찾아가는 산언덕 모퉁이
살며시 고개 내민 보라색 제비꽃
수줍어 떨고 있는 분홍 진달래
딸랑딸랑 귀여운 은방울꽃
반갑다고 손 흔듭니다.

자연 속 작은 새와 작은 들꽃도
사람의 호흡을 기억하는데
사람을 자주 잊고 사는 우리는
만물의 영장입니다.

기억한다는 것은
추억한다는 것은
만물을 다스리는 사람의
깊고 따듯한 마음입니다.

설렘으로 봄을 기다리는
사람들의 소중한 기쁨입니다.

물음표

꿈같은 사랑이라고 생각했는데
깨어보니 역시 꿈이더라!

뜨거운 눈물 한 방울도 없는
계산대 위의 꼭두각시 사랑

진정한 우정이라고 생각했는데
생각해 보니 진정은 아니더라!

연민 한 자락도 흔들리지 않는
눈속임 난무한 허황한 우정

마음이 가난하고 메마른 사람이
부끄러움에 힐끔힐끔 눈 돌리고
거짓 자존심에 눈빛 마주친다.

현실 속 인간의 본성은
치유하기 어려운 전염병처럼
거짓과 이기주의를 더 추앙한다.

문득
몸서리치는 두려움이 밀려오면
보이지 않는 신에게
물음표 하나 힘없이 던져본다.

용서의 거울

긴 시간 상처 입은 기억의 방
고통이 굳어 문이 열리지 않는다.

안절부절못했던 긴 방황이
아득하게 흐려진 원망을
꼭 움켜쥐고 있다.

캄캄한 마음속 동굴
무겁게 웅크린 흔적

그까짓 아픔 하나 내려놓으면
쉽게 버려지는 것이라고
의미 없는 일이 되는 것이라고
툭툭 털어버리고 싶지만

깊숙이 가둬버린 못난 자존심
변하지 않는 화석이 되었다.

용서하는 일이 그토록 힘든 일이기에
용서받을 일을 하지 않으려 애쓰지만

우리는 삶의 순간순간
용서받을 일이 얼마나 많았던가?

안개

한 치 앞도 보이지 않았어
막막하고 두려웠던 그 길

무엇인가 나타나
와락 삼켜버릴 것 같은 공포

두 눈 질끈 감고
도망치고 싶었지만
내가 가야 할 길

보지 못해서 몰랐던 것
자신 없어 돌아서던 초라함

막막한 마음 꼭 붙잡고
두 눈 크게 뜨고 걸어 들어갔어.
용기를 내어 빠르게 달려갔어.

지나온 길 뒤 돌아보니
맑은 초가을 햇살 가볍게 흩어져
반짝반짝 손 흔들고 있었지!

꿈꾸는 소녀

흙먼지 춤추는 좁은 뒷골목
상고머리 긴 다리
동그란 얼굴 커다란 눈
겁 없는 소녀 웃고 서 있다.

벌레 울음 소란한 가을밤
달빛 반짝이며 흘러가는
검푸른 바닷물결 바라보며
당돌한 소녀 울고 서 있다.

문둥이 간 빼 먹는다는
앞산 언덕 분홍 진달래
토끼처럼 뛰어가던 소녀가
낮은 호흡을 내뱉고 서 있다.

사람 냄새 생선 비린내
짠물 냄새 배이든 동네 부둣가
먼 수평선 한없이 바라보며
꿈꾸는 소녀가 서 있다.

시시한 날

시를 써야 하는데
시시하지 않은 시인으로
살아야 하는데

시간은 시절의 손을 잡고
시시껄렁한 소문 가슴에 묻고
시끄럽지 않게 떠나가고

시들해진 시시비비
시원하게 토해내지 못해
시큼하게 삭힌 침만 삼키며
시끄럽게 돌아서는 사람들

시를 써야 하는데
시시하고 비겁하지 않은
시원하고 마음 후련한
시를 써야 하는데

시시하지 않은 시인으로
기억되고 싶은데

신선 폭포

거친 장맛비 지나간 질척거리는 산길
의심 반 설렘 반으로 묵묵히 걷는다.

근심으로 축축이 젖은 마음
바윗돌 푸른 이끼
미끄러지는 현기증

온 산을 휩쓸고 갈 듯한
우렁찬 계곡의 물소리가
심장을 세차게 두드린다.

신선 폭포…….
신선이 놀다 가는 폭포였나보다

신선은 자취도 없지만
감탄에 입 벌린 내가 신선이 되었다.

금방이라도 용이 승천할 것 같은
신선 폭포의 신비한 힘은
격한 감동도 물보라처럼 흩날린다.

신호

사람들 집이 도화지 속에 갇힌
적막한 풍경화 같다.

저 고요 속
살아 움직이는 사람은
마냥 분주할 것이다.

내 눈빛이 멈춰있지만
마음이 어지럽고
심장이 뜨거운 것처럼

사람은 멈춰있거나
침묵하는 듯하여도
은밀한 움직임이 있다.

잔잔한 물결 속에도
큰 파도가 달려오고 있다는
무서운 신호가 숨어있다.

내 마음이
긴 시간 침묵할 때
후회가 살며시 고개 내밀어
나를 흔드는 것처럼

안목항에 가면

그곳에 가면 참았던 웃음이
모래알처럼 쏟아질 줄 알았네.

세월을 씻겨준 눈물샘 깊어
푸른 희망의 물결 요동치는데
사랑스러운 연인들 수많은 발자국
밀려오는 파도에 추억처럼 부서지네.

긴 세월 사랑했던 사람
볼살 속에 굳은 미소 어눌하고
금방이라도 거칠게
병든 귀를 물어뜯을 것만 같았네.

알 수 없는 사연이 철썩이는 해변에
짙은 어둠 설렘으로 밀려오고
검은 바다는 등대의 불빛 삼키며
순진한 고래처럼 잔잔하네.

물결처럼 출렁이던 사람들도
수평선에 걸터앉은 둥근 달도

어둠을 지우는 가로등 불빛 아래
소리 없이 떠나가고 있었네.

아~!
안목항 그곳에 가면
숨겨두었던 햇살 같은 웃음
물거품처럼 쏟아낼 줄 알았네.

쓴 커피를 홀짝홀짝 들이켜며
백치 사랑 힐끔힐끔 훔쳐보다가
긴 한숨
검푸른 바다에 말아 삼키고 있네.

암막 커튼

사랑은 한순간의 기쁨
이별은 뜻밖의 슬픔
그리움은 허무의 늪이다.

퇴색한 그리움의 본질을
확인이라도 하라는 듯

지친 기억으로 남아 불쑥불쑥
심장에 새겨진 벨을 누른다.

뒤척이는 어지러운 상념은
아침 창가에 재가 되어 흩어지고

긴 한숨 소리에 귀 막은 심장
조용히 암막 커튼을 내린다.

첫인사

안녕하세요.
설렘으로 건넨 첫인사
가득 담긴 종달새 마음

반갑습니다.
힐끗 쳐다보지 말고
눈을 보며 웃어주세요.

첫인사 첫 만남
광활한 우주 속 단 한 번의
그대와 나의 첫 느낌

허공을 보지 말고
얼굴을 보며 말해 주세요.

오랜 세월 기억하는
봄 새싹 같은 기쁨으로
기억하고 싶어요.

거짓말

한순간 듣기 좋았지!
한순간 기분 좋았어!

설익은 웃음 마중 나오고
올라가는 어깨 무거웠지

달콤한 입술을 굴리다가
캄캄한 절벽으로 살짝
밀어버리는 뱀 같은 혀
무섭고 소름 돋았지

허풍의 붉은 거짓말
가벼운 웃음 바람

고개 흔드는 노란 거짓말
찬 서리 경고 바람

음모의 검은 거짓말
천 길 나락 현기증 바람

지루한 삶 속에
이런 거짓말이 없다면
무슨 재미로 살았겠어.

그러나
검은 거짓말은 하지 말자

새까만 혀로
여린 숨통 휘감아오면
맑은 공기 마실 수가 없잖아.

겨울꽃

단단히 여민 옷자락
고고한 미소가 차다.

겨울바람
봄바람 흉내 내다
눈 속에 가시 보고
소스라친다.

따스한 햇볕
은밀하게 다가와
입김 불지만

숨죽인 표정
참새처럼 새침하다.

모락모락 아지랑이
아득한 그리움
계절처럼 피어나는데

기도의 역사

열세 살 소녀
사슴 같은 눈동자로
초록의 호숫가에 앉아
마음이 물빛같이 푸르기를
기도했습니다.

스무 살 숙녀
철없던 첫사랑이
영화 속 이야기로 남기를
기도했습니다.

서른 살 두 아이의 엄마
아이들이 늘 밝게 웃으며
세상의 빛과 소금이 되기를
기도했습니다.

중년이 된 여자
수많은 기도의 행방이
도돌이표가 된 허망함에
주름진 눈가에 이슬 맺힙니다.

눈물

무거운 어둠이 웅크린
텅 빈 새벽길을
한참 동안 바라보던 습관을
까마득히 잊어버릴 만큼
감정이 메말라갑니다.

습관은 중독을 만들고
판단은 쉽게 허물어지고
무의미한 일상인 줄 알면서도
의식 없이 물들어가고 있습니다.

지친 시간도
길어진 세월도
낡아진 정신도
무거워진 몸도
온통 막막하고 답답합니다.

오랜 시간 병든 세월이 길을 잃어
연약한 마음이 방황했나 봅니다.

한 방울의 눈물이 메마른 감정에
뚝! 떨어집니다.

냐짱의 하루

빛처럼 지나가는 경적
안개처럼 여유로운 길

휘청이는 눈동자 속
햇살 스며든 폭포수는
규칙적으로 달려와
물보라로 흩날린다.

가끔은
이해의 불시착으로
용광로 속 질투가
벌레처럼 들끓고
밤은 뒤엉킨 사유로
잠들지 못하지만

햇살은 어김없이 찾아와
지친 하루가 숨죽여 있는 곳에
희망의 축포를 터트리고

살아 숨 쉬는 모든 것이
느린 듯 빠르게
고요한 듯 소란스럽게
또 하루를 시작하고 있다.

능소화

뜨겁게 익어버린
주홍빛 그리움

들키고 싶지 않은
연초록 외로움

은밀하게 짝을 지어
손 붙잡았다.

햇살 반짝이는 이야기
서글프면 툭 툭 떨어져
시든 침묵이 흩어진다.

노을 속 물들어간 추억
빈 하늘에 남겨두고
치명적인 미소 감추고 있다.

달밤 연가

낡은 창문 틈으로 새어드는
서늘한 바람이 나그네처럼
낯설게 느껴지는 가을밤이다.

그 옛날
어느 시인의 마음을 붙잡던
새하얀 문풍지에 비추는 달밤이
이러하였으리라

뒷마당 우물가에 숨어 핀
달맞이꽃 앞에 쭈그려 앉아
노랗게 웃던 첫사랑 소식 그리워

전할 수 없는 마음 달래던
그 밤이 이러하였으리라

바람에 흔들리는 그림자는
안개처럼 사라지고 마는
먼 그리움의 연가런가

따돌림

아이야!
돌아선 등 뒤로 따라가는
긴 그림자가 너무 쓸쓸하구나!
무슨 사유로 고개를 무겁게 떨구고
홀로 걸어가느냐?

마음을 들어 하늘을 보아라.
밤하늘에 신비로운 푸른 별 하나
반짝이는 미소를 보내고 있다.
연약한 심장에 볼륨을 높이고
그림자도 흔들며 춤을 추고
튕겨 나갈 듯 힘차게 걸어보아라.

절대 절망하지 마라
광활한 대지大地를 밟고 선
튼실한 너의 두 다리를 보아라.
네가 두려워하는 어두운 세상도
손바닥만 한 밝은 네 마음 하나로
충분히 가릴 수 있단다.

너를 에워싼 몇 겹의 두려움은
잠시 왔다 가는 한줄기 소나기 같은 것
빛나는 눈동자로 밝게 웃어라.
두 주먹 불끈 쥐고 크게 소리도 질러 보아라.

내일이면 다시 떠오를 붉은 태양 아래 서서
먼지 털듯 낡아진 마음을 털어버려라.

네 마음에 연약한 날개를 활짝 펴고
힘차게 날아오르는 독수리같이
아픈 세상을 크게 박차고

가볍고 자유롭게 훨훨 날아 보아라.

먼 그리움 속의 고향

엷은 회색빛 축축한 새벽안개
유달산 능선을 타고 내려와
생선 비린내 채 가시지 않는
뒷 선창 구석을 서성대고
말간 햇살은 눅눅한 어둠 풀어헤쳐
동네 신작로 길로 빠르게 스며들어
등나무 사이로 빠져나간다.
욕심 없는 얼굴로 두 눈을 끔벅이며
해태공장 마당 구석 이끼 낀 우물가에
물 양동이 지고 줄을 서던 여인네들
가난한 부엌 한 귀퉁이
키가 큰 물항아리 넓은 목까지
찰랑찰랑 물이 채워질 때쯤
아이들 조잘거리는 소리에
항구의 아침은 기지개를 켠다.
온종일 고단하고 가난한 삶
뒷동산 언덕배기 보리밭 밟듯
꾹꾹 눌러 속 깊이 가라앉히던
구릿빛 미소의 고향 사람들
하늘만큼 넓었던 학교 운동장

웅성거리며 놀던 아이들 이마 위로
긴 해그림자 드리워지고
어머니의 노곤한 한숨처럼
피어오르던 굴뚝에 하얀 연기
보리밥 먹은 배는 잦은방귀 몇 번에
허기진 밤을 붙들고 늘어지지만
횃불 쳐들고 삼삼오오 짝을 지어
가난을 등에 업고 갯벌에 파묻혀
수출용 갯지렁이 잡던
먼 그리움 속의 고향 사람들

내 마음에 찾아온 사랑

빛나는 푸른 눈동자
움틀 거리는 보조개

개구쟁이 목소리
무채색의 눈물 한 방울

내 마음에 길을 만드는
비틀거리는 연약한 손
귀여운 지렁이 발자국

반짝이는 햇살 웃음
흔들리는 작은 새 가슴

가난한 영혼을 적시는
차고 맑게 찰랑대는 샘물

무지갯빛 꽃잎들
자유롭게 떠다니는…….

멈추며 깨우는 기억

다람쥐 쳇바퀴 속에서
누군가의 삶의 이야기는
더러 잊고 살았다.

잿빛 운무가 산허리를 휘감고
까마귀 두어 마리
잊힌 기억을 깨우며
허공을 유영한다.

눈 앞에 펼쳐진 수많은 사연이
꽃을 피우고 있는데
한 사람의 뜨거운 호흡이
한 줌의 흙이 된다.

마음이 방황하다 눈길 따라
빗방울 되어 흩어지고

살아서 기억하지 못했던
한 사람 생生의 이야기가
멈춰 버린 시간 사이로
꾸역꾸역 기어 나온다.

바다 보러 가자

진우야
우리 바다 보러 가자

사막같이 메마른 마음
푸른 바닷물 적시고 오자

바다에 한 번도 간 적 없다고
쏟아버린 서글픈 고백

흐린 눈동자에 철썩이던 파도
어린 방황이 출렁이던 쓸쓸한 시간
호수 같은 슬픔이었구나!

진우야
우리 바다 보러 가자

모래알로 잘게 조각난 마음
말끔하게 씻어내고 오자

두려움 가득했던 너의 세상에
하늘빛 바다 풍경 담아서 오자

어울리는 생

오랜 그리움 지워야지
오랜 서글픔 참아야지

가끔은 갈대처럼 흔들리다
풀썩 쓰러지기도 하고
다시 일어서서 손 흔들자

슬픔에 자주 눈물 흘리고
기쁨에 환한 미소 지으며
가벼운 마음으로 살아야지

계절이 잠시 왔다 가는 것처럼
꽃이 화사하게 피었다 빠르게
지는 것처럼

어울리는 생의 어디쯤
지상에서 가장 아름다운 사랑으로
남아있자

연인이 되어

우리 가을 꽃구경 가요
다음 날 아무런 계획 없이
푸른 동해로 달려가요

나와 내가 연인이 되어
행복할 수도 있잖아요.

사랑하는 마음
나에게 온전히
쏟아버릴 수도 있잖아요.

우리 설렘 안고
정든 고향으로 달려가요

다음 날 부끄럼 없이
첫사랑 흔적을 찾아보아요.

지난날 추억 속에
나와 내가 연인이 되어
잠시 헤맬 수도 있잖아요.

삶의 자유로운 평화
혼자서 온전히 누릴 수도 있잖아요.

영혼 외출

기억나지 않는다.
지친 영혼의 무단 외출….

한 방울 피도 용납하기 힘든
연약한 마음에 미련한 용기가
붉은 피 낭자한 흔적만 남아
이 세상이 아닌 꿈속에서 헤맸다.

지독하게 분주했던 일상
지친 몸 괴롭히고 있었음을 가볍게 무시하고
멈추면 그만인 실낱같은 호흡 교만하게 착취하고
죽음을 의식하지 못하고 무지개다리를 걸었다.

돌아와 앉은 거울 속 눈썹 위 여덟 번의 바느질
붉은 상흔이 선명한 광대뼈와 턱
역겹게 풍겨오는 피비린내…….

문득 눈을 돌려 창밖을 보았다.
해 질 무렵 풍경을 정돈하는 자연의 여유로움
여전히 아름다운 이 세상

가벼운 희망으로
둥글둥글 인정하며 느리게 살아라.

오래된 질긴 관념 버리고
겸손하게 긍정하며 자연처럼 살아라.

오후의 강변

너와 나의 눈길 사이에
묵묵히 침묵하거나
깨어있는 것들

길 위에 길게 누운
무거운 해그림자가 보인다.

겨우 잠에서 깨어나
말간 햇살을 잡으려는 듯
메마른 팔 번쩍 들고 서 있는
앙상한 가로수가 보인다.

연민처럼 흩어진
머리카락 사이로
반짝이는 물결이 보인다.

너와 나의 눈길 사이에
늘 똑같은 풍경이 있다.

차츰 어두워지기 시작한
검붉은 하늘이 있다.

여유와 낭만이 흐르는
아름다운 강변이 있다.

위로

빗소리가 들린다.

뜨거워진 오장육부를
다독이는 차고 비릿한
빗물이 흐른다.

목마른 심장에
수혈을 할 수 없지만

생명수 같은 비가
날카로운 신경을 적시며
후드득 떨어진다.

지나가는 바람은
그냥 껍데기일 뿐!

메마른 공기는
마음을 다독이거나
뜨거운 심장으로
스며들지 못한다.

빗소리에 젖은 귀를
갖다 댄다.

이별 노래

꿈결처럼 밀려오는 노랫소리에
조용히 눈을 뜬다.

이별을 담담하게 받아들이며
아픔을 견디지 못하고
눈물 흘리고 있다는 노랫말이
미처 몸을 일으키지 못하는
마음속으로 아리게 파고든다.

사랑하다 헤어지는 연인의
눈물이 문득 자아를 깨우고
노래는 알 수 없는 감정을 부르고

잊고 싶은데 지워버리고 싶은데
이별 노래는 고요한 공간 속에서
안개처럼 서성이며 방황하다가
슬그머니 사라진다.

인간은 얼마나 많이 사유하는지
인간은 얼마나 뜨겁고 잔인한지

그토록 아름다운 사랑을 하고도
이별을 쉽게 말할 수 있는 우리는
미완의 고독한 사람들이다.

저토록 황홀하다

신기루 같은 명예
자랑하고 싶은 집착

가야 할 뒷모습까지
온통 망가지지 말자

황금처럼 빛나던
한때를 지우고
조용히 걸어가는 자연의
거룩한 뒷모습을 보라

어둠 속으로
처연하게 스며드는
붉은 노을이
저토록 황홀하다.

문득
어제보다 오늘 나 자신을
더 많이 사랑하고 싶다.

무거워진 나를 던져버리고
자유로운 바람처럼
가볍게 춤추며 살고 싶다.

전염된다는 것

태양이 대지에 스며들어
예쁜 꽃을 피우고

바람이 옷깃을 파고들면
산뜻한 기분이 느껴져

어두워지는 하늘에
붉은 노을이 스며들어
황홀한 풍경이 펼쳐지고

선한 마음에
악한 마음이 스며들면
불신의 판단이 방황하지

악한 마음에
선한 마음이 스며들면
아름다운 관계가 만들어지고

뒤돌아선 너와 내가
진실한 마음을 전할 수 있다면

늘 울고 있는 사랑이
꽃처럼 환하게 웃을 수 있겠지.

지나간 날

부둣가 쌀집 작은 계집아이는
큰댁 가는 이십 리 시골길
도둑고양이처럼 혼자서
살금살금 걷는 것이 좋았다네.

서울로 일 하러 간 아버지가 보내 준
체크무늬 운동화 신고 큰댁 가는 길

마른 황토 흙먼지가 풀풀 날려도
고구마와 무가 튼실하게 뿌리내린
남도의 평야 그 푸른 색깔이 좋았다네.

먼 수평선 끝을 천천히 물들이는
황금빛 저녁노을이 좋았고
해안가 작은 마을 초가집 지붕
기다란 굴뚝마다 피어오르는
저녁 짓는 하얀 연기가 좋았다네.

큰댁 보이는 높은 언덕길 위에 서면
계집아이 작은 심장은 퐁퐁 뛰었고
단발머리 나풀거리며 마구 달려갔다네.

마당에 커다란 멍석을 깔고 둘러앉아
보리밥 한 사발에 찬물 말아
신김치 한 가닥 올려 먹는 가난한 저녁

옹기종기 모여 앉은 사촌 오빠들
바라만 보아도 웃음이 터지고
그 순진한 풍경이 따듯해서 좋았다네.

영원할 수 없음에

우리
마음이 변했고
모습이 변했습니다.

우리
사랑이 퇴색했고
진심을 잃었습니다.

모든 것이
영원할 수 없음에

나는 자주
고개를 끄덕입니다.

가시 같은 슬픔이
두 눈을 찔러

가끔
길을 잃기도 합니다.

진달래

먼 그리움이
연초록 향기로 피어나는
계절의 산기슭마다

소리 없이 멈춘 눈길…….

휘청이는 바람결에
여린 꽃잎 흔들린다.

끝도 없는 그리움은
저 홀로 붉게 피어나

산그늘 속에 몰래 숨어
애처롭게 떨고 있다.

책, 책, 책

고요가 숨을 쉬는 새벽의 거실
공기마저 적막하다.

이유 없이 나와 서성이며
방황하는 눈길

응접대 위에 쌓아놓은
표지색 고운 세 권의 책

다리 긴 찻상 위에
눌러앉은 몇 권의 시집

소파 위에
간이 식탁 위에
자유롭게 널브러진 책

보육원 같은 책장에
삐딱하게 꽂아놓은
셀 수 없는 책, 책, 책…

이렇게 많은 책 속에서
나는 무슨 이야기를 듣고
공감하고 소통했는지

세상의 모순을 통달하고
인생 박사가 되어있는지

나는 여전히 세상살이 서툴고
인생살이 수학 공식 같다.

초여름 달밤

잠자리에서 슬며시 일어나
방문을 열고 나가신 엄마를
잠 못 이루고 기다리다가

창호지에 어른거리는 그림자에
방문을 살짝 열고 내다보았다.

초여름 달빛이 고고하게 내려앉은
대청마루 끝에 쭈그려 앉은 어머니는
어깨를 들썩이며 울고 있었다.

이유도 모르고…….
그냥 이유도 없이…….
열세 살 철없는 어린 계집애의
어린 가슴이 너무 아파
밤새 슬픔의 늪을 첨벙거렸다.

내 어머니도
꿈 많은 어여쁜 소녀 시절이 있었겠지
어느 어머니의 소중한 딸이었겠지

한 남자의
사랑스러운 여자가 되고 싶었겠지.

어린 시절의 그 집
초여름 달밤이 너무 고요해
어머니와 나는 그렇게 울고 있었다.

충주호

마음에 먼지 쌓이고 지치는 날
물비늘 반짝거리는 충주호
시원한 풍경 속으로 달려간다.

눈이 부신 파란 하늘 짙푸른 산
호수의 깊은 심연에 고요히 잠겨있다.

물속에 수몰된 고향이 그리운 사람들
추억이 일렁이다 또 무심하게 흐르고
그곳은 첫사랑의 기억이 뒤적인다.

도시의 답답하고 삭막한 풍경 속
하늘 가득 담은 충주호마저 없다면
메마른 마음 마른풀처럼 풀썩
쓰러져 버렸을지 모른다.

지친 마음 살며시 흘려보내려고
나른한 눈길로 바라보는 호수는
저 혼자 흐르다 가라앉는 찌꺼기를
온몸으로 끌어 않고 유유히 흘러간다.

사랑하는 사람과 다정하게 손잡고 찾아와
호숫가 창 넓은 찻집에 마주 보고 앉아서

순진했던 첫사랑의 현기증 나는 기억
반짝이는 저 호수에서 낚아 올려도 좋겠다.

전쟁 중

끝없는 기다림으로
점점 커지는 눈동자
가늘어지는 팔다리
외계인처럼
살아야 할지 모르겠다.

순서 맞춰 찾아온 바이러스
인간을 무기력하게 하고
스쳐버린 무심한 순간
되돌려 주려는 무서운 세월
삶의 의지를 병들게 한다.

도산서원 배롱나무 붉은 꽃
흐드러지게 피고 지고
동해의 푸른 바닷물결
싱싱한 생선처럼 팔딱이는데

고요한 서해의 붉은 노을
잿빛 하늘 곱게 수놓고
가을밤 하늘 푸른 별 하나
희망으로 반짝이고 있는데

다시는 여유롭게 누릴 수 없는
아름다운 풍경일지 모르겠다.

지구는 무서운 전쟁 중
그 누구도 얕볼 수 없는
코로나19라는 지독한 적군이다.

탄금대 연가

붉은 주단을 깔아놓고
손짓하는 신비한 노을 길

느린 호흡 숨을 쉬는
산그림자 끌어안은 강변

조용한 물오리 가족
축축한 공기를 가르며
여유롭게 헤엄치고

다정한 기러기 연인
서쪽 하늘을 향한
힘찬 날갯짓

지친 하루를 마무리하는
거룩한 자연의 풍경 속에서
헝클어진 생각 털어내는
분주한 발걸음 소리

흰색 감자꽃
자주색 감자꽃
시비를 가르는 시인의
이름 바라보다
흘려보는 가벼운 웃음

우륵의 가야금 소리에
신립 장군 서글픈 사연
강 물결에 울컥거린다.

내 안에 너를 찾아가는 길
하얀 물안개로 피어오르는
탄금대 연가

피맛골에서

거대한 도시의 한가운데
파도처럼 밀려왔다 밀려가는
인파 속
잘게 부서져 흩어지는 마음

인적이 드문
적막한 어둠 서성거리는
좁은 골목길로 숨어든다.

몸을 밀착한 키 작은 집들이
곰팡냄새가 나는 입을
크게 벌리고 실없이 웃고 있다.

슬그머니 입속을 들여다보니
골목길 닮은
늙은 사람들이 모여 앉아
막걸리를 마시며
낡고 힘없는 웃음소리를 흘린다.

거친 풍랑이 일듯
불빛 일렁이는 큰길 사거리

반짝이는 하얀 이를 드러내고
서로에게 조소를 보내는
붉은 눈빛이 끝없이 흐르고

현실의 닻을 높이 올려
먼 안식처로 뱃머리를 돌리는
덩치 큰 시골 쥐의 지친 눈빛

첫눈 오는 날

침묵이 앉아있는
오후의 창가

좁은 눈 가득한
따듯한 풍경

뿌연 눈발 속
먼 산봉우리

사람들 사는 집
다정한 지붕

조용히 춤을 추는
하얀 상념들

은밀한 위로와
고요한 평화

향기 없어도

사람에게 특별한 냄새가 있다.

황무지의 비릿한 흙냄새
멀미 나는 싸구려 향수 냄새
고소한 누룽지 사탕 냄새

사람의 삶에도 냄새가 있다.

비릿하게 출렁이는 바닷물 냄새
한숨 섞인 회색의 안개 냄새
막 구워 낸 고소한 식빵 냄새

꽃처럼 좋은 향기만 풍기고 싶고
녹차처럼 은은한 향기만 찾던 나

나쁜 냄새 풍기더라도
겸손하고 낮은 사람이 되고 싶다.

가끔은 해그늘에 시든 꽃잎처럼
희생의 지친 삶을 살고 싶다.

향수

우리 집 마당에서 올려다보면
병풍처럼 펼쳐진 유달산

햇살처럼 맑은 공기 뿌려주고
사계절 자연의 변화
마술처럼 펼쳐 보여주었지!

생선 비린내, 짠물 냄새
사람들 떠드는 소리
눅눅한 해풍에 스며들고
물고기처럼 펄떡이던 부둣가

깊고 푸른 신비로운 이야기
수평선 넘어 전설의 작은 섬들

삼학도 갈매기 끼룩끼룩 날아올라
갯바위 사이 숨어든 어둠 깨우고
황금빛 노을 출렁출렁 헤엄치며
바닷속으로 풍덩 사라지고

노적봉 꼭대기에 신선처럼 걸터앉은
휘영청 밝은 달은
항구의 정취를 온몸으로 끌어안고
작은 통통배 타고 밤바다를 달린다.

흐르는 것들

먼 산마루 흰 구름 속
푸르게 젖어있는 눈길
끝없이 파고든다.

하늘만큼 멀어진 사람들
빈 들판같이 쓸쓸한 세월

연민도 사라진 무심 속으로
서러움 물든 노을 속으로
힘없는 마음들이 걸어간다.

두려움마저 사라진 시간은
흔들리는 기억도 잠재우고

시든 꽃잎 같은 세상은
운명이라는 허상의 그림도
그리지 않는다.

만남이란
인연이란
멈춤이 아닌 움직임이다.

바람의 길로 숙명처럼 흐르는
산마루 흰 구름 같은 것이다.

어머니의 저울

서울에 혼자 사시는 구순의 친정어머니가
병원에 입원하셨다는 연락을 받는다.

지방에 일 때문에 내려가 있다는 남동생의 전화
"누나 내가 지금 지방에 있어서…."
"누나도 지금 지방에 살잖아!"
누가 들으면 몹쓸 불효자식들이라고 할 것이다.

어머니의 어느 날부터 시작된 습관은
조금만 몸이 아파도 병원에 입원하는 것이다.

평생을 다니신 교회에서 병문안을 오고
흩어져 사는 자식과 며느리, 손자까지 병문안을
온다.

병원에 입원해 계실 동안은 심심치 않고
혼자서 외롭지도 않으신 것이다.

누가 더 많이 효도하는지 비교하시며
언제부턴가 저울을 잡은 어머니가 신기하다.

거친 눈발을 헤치고 운전해서 병문안을 간다.

"우리 작은딸 왔어."
행복한 표정으로 반기시는 어머니.

어머니의 세상

어머니
세상에 혼자 남겨진 듯한 어느 봄날 오후
익숙한 거리에서 미아가 되어
한순간 우두커니 멈춰 서 있었습니다.

눈이 부신 허공에 맑고 투명한 햇살
현기증 나게 흩날리고 있었지요.

불안하게 흔들리는 눈동자 속에
일시에 모두 멈춰 버린 세상이
너무도 고요하고 적막해서
심장이 멎을 것 같은 두려움이 밀려왔지요.

문득
어린 시절 나를 꼭 안아주시던
어머니의 따듯한 가슴이 생각났습니다.
그 품으로 당장 달려가 안기고 싶어
두 눈에 하염없이 눈물이 흘렀습니다.

어머니
어머니도 이토록 고요하고 적막한 세상에서
밀려오는 두려움에 쓰러질 것 같은 고독을
만난 적이 있으셨나요?

그 깊은 고독 여 짓 것 어떻게 견뎌 오셨나요.
그 슬픈 세상 여 짓 것 어떻게 참아 내셨나요.

어머니
사랑스러운 내 자식들도 이렇게 막막한 세상 속에서
지금의 나만큼 쓸쓸하고 고독한 날이 있었을 거라는
생각하다가 마음이 아팠습니다.

텅 빈 세상 속에 혼자 남겨진 듯한
깊은 고독이 엄습해 올 때
내 아이들도 이 어미의 따듯한 품을 그리워하며
나처럼 울고 있을까요?

이 어미의 두렵고 슬픈 세상이 얼마나
힘들었을지 생각해 보았을까요?

어머니
나는 인제야 생의 참 의미 하나를 발견합니다.
끝없이 평화롭고 우주보다 더 광활한
어머니라는 따뜻한 세상을 말입니다.

사 슬

발행일 2024. 10. 15.
지은이 김성희

펴낸곳 인쇄출판 정문사
출판등록 제1998-000001호
주소 충북 충주시 교동1길 15-22(교현동)
전화 (043) 847-9201
팩스 (043) 847-9221
이메일 jmpr9201@hanmail.net

ISBN 979-11-93053-33-1

ⓒ 2024. 김성희

※ 이 책의 저작권은 저자에게 있습니다. 서면에 의한 저자의 허락없이 내용의 일부를 인용하거나 발췌하는 것을 금합니다.

※ 이 책은 충청북도, 충북문화재단의 후원을 받아 발간되었습니다.